LE PETIT LIVRE DES MÉCHANCETÉS LES PLUS DRÔLES

le
cherche
midi

23, rue du Cherche-Midi, 75006 Paris.

Vous pouvez consulter notre catalogue général et l'annonce
de nos prochaines parutions sur notre site Internet :
cherche-midi.com

Avant-propos

Légitime défense ou acte gratuit par excellence, la méchanceté est sans conteste le seul sport qui ne nécessite pas d'entraînement. Il suffit de se laisser aller à la mauvaise foi ou au plaisir de remettre à sa véritable place une quelconque personnalité. Mais la méchanceté ne se conçoit pas sans son contrepoison, l'autodérision. À méditer, donc, cette saillie de Winston Churchill, après son drolatique prix Nobel de littérature : « L'ennui, quand on commence à être statufié, c'est qu'on attire les pigeons. »

Entraînez-vous ! C'est excellent pour les aigreurs d'estomac.

Philippe ROCHEFORT

Duras n'a pas écrit que des conneries. Elle en a aussi filmé.

PIERRE DESPROGES

*

J'ai appris à aimer certains hommes par le mal que j'en avais entendu dire par d'autres hommes que je n'aimais pas.

SACHA GUITRY

*

Je préfère la musique de Wagner à toute autre. Elle est si bruyante qu'il est possible de parler sans que les autres entendent ce que vous dites.

OSCAR WILDE

*

– Isabelle Huppert est l'une de vos actrices fétiches.

– Oui. Elle me fait penser à Raimu.

CLAUDE CHABROL

*

Quand Édouard Balladur sert des mains dans une foule, il se demande toujours où est le rince-doigts.

JACQUES CHIRAC

*

Marilyn Monroe ? Un vacuum à mamelles.

OTTO PREMINGER

*

André Malraux est organiquement incapable d'indépendance morale : il est officiel de naissance.

LÉON TROTSKI

*

Le mouvement, chez Chirac, a toujours précédé la pensée. Souvent aussi, il en tient lieu.

DOMINIQUE JAMET

*

Saint-John Perse, mais il y a mis le temps.

LOUIS SCUTENAIRE

*

On ne peut plus allumer la télé ces derniers temps sans tomber sur Claude François en train de chanter. C'est à se demander s'il n'est pas mort.

JEAN YANNE

*

J'aime beaucoup Albert de Monaco, mais ils devraient quand même arrêter de se marier entre eux, ça les esquinte !

COLUCHE

*

À propos de Margaret Thatcher :

Le premier cas de vache folle en Angleterre.

TOMI UNGERER

*

Avec Aragon, c'est un peu de la servilité humaine qui s'en va. Que ce soit la fête le jour où l'on enterre la ruse, le traditionalisme, le patriotisme, l'opportunisme, le scepticisme, le réalisme et le manque de cœur.

ANGELO RINALDI

*

Comment je fais pour terminer mes films à l'heure ? Mais c'est très simple, j'évite de travailler avec Elizabeth Taylor...

ALFRED HITCHCOCK

*

Giscard ? Il est plus connu des éléphants d'Afrique que des paysans français.

COLUCHE

*

Tout est saucisse en Allemagne ; la phrase allemande est une saucisse, l'Allemagne politique est une saucisse, Goethe, saucisse.

PAUL CLAUDEL

*

À propos d'Aznavour :

C'est le seul homme que je connaisse capable de rentrer debout dans une Rolls.

JACQUES BREL

*

Si vous lisez André Gide tout haut pendant dix minutes, vous sentirez mauvais de la bouche.

FRANCIS PICABIA

*

À propos de Montgomery Clift :

Quand il joue, on dirait qu'il a un mixer dans le cul et qu'il ne veut pas qu'on le sache.

MARLON BRANDO

*

Tout petit déjà, Silvio Berlusconi disait : « Je deviendrai président du Conseil ou rien ! » Il est parvenu à devenir les deux.

ROBERTO BENIGNI

*

À Victor Hugo :

Vous pouvez renoncer à la langue française qui ne s'en plaindra pas, car, depuis longtemps, vous l'avez assez éreintée. Écrivez votre prochain livre en allemand.

JULES BARBEY D'AUREVILLY

*

Rocard président ? Les Français ne porteront jamais à leur tête un homme qui pèse quarante kilos !

FRANÇOIS MITTERRAND

*

Quel autre pays que le nôtre aurait pu tresser des lauriers à Robbe-Grillet tout en faisant abstraction de l'énorme côté farce de la chose ?

CLAUDE CHABROL

*

À propos d'Édith Cresson :

Elle a joliment dit un jour de M. Fabius :

– Il n'a pas de tripes, il n'a que des dents.

Elle aurait dû craindre la réponse du berger à la bergère, et qu'il lui rétorque :

– Elle n'a pas de dents, elle n'a qu'une langue.

PHILIPPE MEYER

*

Alice Sapritch enfermée dans le noir pendant quarante jours. Oh ! les pauvres quarante jours !

COLUCHE

*

Brigitte Bardot sera la marraine des enfants d'Yves et de Véronique Mourousi. Pour le cas où ce seraient des phoques.

COLUCHE

*

Il ne restera pas de Lamartine de quoi faire un demi-volume de pièces détachées. C'est un esprit eunuque, la couille lui manque, il n'a jamais pissé que de l'eau claire.

GUSTAVE FLAUBERT

*

À propos de Georges Pompidou :

Il est reposant comme une montagne à vache.

MAURICE CLAVEL

*

Les cravates de Jospin, pour moi, c'est un mystère. Je ne sais pas où il les trouve. Ça ne peut pas être sa femme qui ait si mauvais goût. Il doit les hériter. Il doit y avoir des types, qui en mourant dans la misère, lèguent leurs cravates au parti socialiste et Jospin les récupère.

JEAN YANNE

*

Johnny Hallyday et Claude Brasseur sont nés, comme moi, un 15 juin. Preuve définitive que l'astrologie n'est pas une science exacte.

GUY BEDOS

*

À propos de Louis Aragon :

L'œil de Moscou, le con d'Irène, les yeux d'Elsa, les couilles des autres.

JOSÉ ARTUR

*

L'imbécile et dégoûtant Voltaire, pareil à un grand vieux singe pisseur.

PAUL CLAUDEL

*

Je viens de croiser Régine qui revenait de l'institut de beauté. À mon avis, c'était fermé.

COLUCHE

*

Alain Juppé incarne presque physiquement l'impôt.

LIONEL JOSPIN

*

Elie Wiesel a beaucoup de défauts, je l'admets, mais il faut néanmoins lui reconnaître une qualité : il a cessé d'écrire des romans.

PATRICK BESSON

*

J'ai eu longtemps deux titres de gloire. D'abord, celui d'avoir été l'un des plus jeunes has been de France de la seconde moitié du XXe siècle. À trente-deux ans, après une série d'échecs, j'étais en effet aussi démonétisé que l'emprunt russe. Ensuite, avec *Folies bourgeoises*, j'ai cru pendant une trentaine d'années que j'avais réalisé le plus mauvais film de l'histoire du cinéma. Je me suis moi-même déchu de ce titre lorsque j'ai vu le film de Bernard-Henri Lévy avec Alain Delon. Et je ne décolère pas d'avoir été détrôné d'une façon aussi magistrale.

CLAUDE CHABROL

*

C'est dommage que Molière ne sache pas écrire.

FRANÇOIS DE FÉNELON

*

À propos de Charles de Gaulle :

Chacun sur Terre porte sa croix, moi, c'est la croix de Lorraine.

WINSTON CHURCHILL

*

C'est Francis Lalanne qui donne un concert dans un petit village. L'après-midi, l'épicier voit arriver un mec qui lui dit :

– Je viens acheter tout votre stock de tomates pourries, tout ce que vous avez !

– Ah ! je comprends, c'est pour aller au gala de Francis Lalanne !

– Non. Je suis Francis Lalanne !

COLUCHE

*

Prodigieuse existence que celle de Cocteau : à sauter dans tous les trains en marche depuis 1906, on comprend que le cœur ait cédé !

PAUL MORAND

*

Il ne faut pas oublier qu'un jour, Hervé Vilard a été à la mode, je crois que c'était un jeudi.

PATRICK TIMSIT

*

Zola – C'est un porc épique.

JULES BARBEY D'AUREVILLY

*

Je suis bien content d'avoir arrêté drogues et alcool. Ce serait terrible de ressembler à Keith Richards. Il est pathétique, on dirait un singe avec de l'arthrite qui essaye encore de monter sur scène et d'avoir l'air jeune. Je respecte beaucoup les Stones mais ils auraient dû le virer il y a quinze ans.

ELTON JOHN

*

À propos de Bernard Kouchner :

Chez nous, le ministre de l'humanitaire a tellement de travail qu'il a dû demander asile à la télévision.

PHILIPPE MEYER

*

Bouvard, il est pas du tout photogénique : ses photos lui ressemblent.

JEAN YANNE

*

À propos de Louis Aragon :

Tant et tant d'arrivisme pour arriver à si peu !

SALVADOR DALÍ

*

Je n'ai rien contre Chantal Goya, je trouve simplement que c'est le genre de nana que tu peux emmener au cinéma si tu as envie de voir le film !

COLUCHE

*

Steve McQueen aimait les partouzes. Ce type avait décidément toujours besoin d'une audience !

ROBERT MITCHUM

*

À propos de Jean-Paul Sartre :

Foutu donneur, maudit hideux, chiant pourvoyeur, bourrique à lunettes.

LOUIS-FERDINAND CÉLINE

*

À propos de Line Renaud :

Quand elle va chanter au Canada, elle fait un malheur, quand elle revient, elle en fait un aussi. Un malheur n'arrive jamais seul.

COLUCHE

*

Alain Juppé ressemble au croque-mort de *Lucky Luke*.

GUY CARLIER

*

Picasso ? Cet homme qui mâchonne tout le temps quelque chose de verdâtre qu'il a envie de te cracher à la figure, veux-tu que je te dise ce que c'est ? C'est l'avènement de la syphilis dans la peinture.

MAX JACOB

*

Fernandel : Avec sa gueule chevaline, il était sûr d'être à l'arrivée.

ARLETTY

*

Quand Jean-Paul Sartre est mort, c'est Simone de Beauvoir qu'on aurait dû enterrer.

TOMI UNGERER

*

Gilbert Montagné en concert à l'Olympia ce soir. Pourvu qu'il trouve !

COLUCHE

*

À propos de Sean Penn :

Ça sent la clope... On dirait un cendrier et ça me rend malade !

NICOLE KIDMAN

*

Christine Bravo incarne dans le PAF le même personnage que Séraphin Lampion dans les aventures de Tintin. Ses plaisanteries la font se tordre. Ses trouvailles l'éblouissent. La muflerie lui paraît une façon de rester simple. Elle s'attache à féminiser le comique de chambrée, à montrer qu'une assemblée de filles peut être aussi balourde et grossière qu'une bande de mecs. Elle y parvient. Cela plaît sûrement à ceux qui aiment que la femme ait l'air d'une oie et l'homme d'un jars.

PHILIPPE MEYER

*

Dieu n'est pas romancier, M. Mauriac non plus.

JEAN-PAUL SARTRE

*

À la Santé où j'ai vécu sans snobisme quelques mois de ma vie, je me suis condamné à lire ou à relire tout Paul Claudel. Cette aggravation de peine m'a laissé de la prison un souvenir atroce.

HENRI JEANSON

*

À propos de Jean-Luc Godard :

Je le trouve génial dans ses conférences de presse. Il devrait même ne plus faire que ça !

JEAN-PAUL BELMONDO

*

À propos de Bo Derek :

Elle a refusé le rôle d'Helen Keller parce qu'elle était incapable de se souvenir des dialogues.

JOAN RIVERS

*

La nature a horreur du Gide.

HENRI BÉRAUD

*

Est-ce que vous savez d'où vient le triple menton de Régine ? Elle s'est fait remonter les seins !

COLUCHE

*

Mais où avez-vous vu qu'elle était respectable, la personne humaine ? Vous avez entendu chanter Francis Lalanne ?

PIERRE DESPROGES

*

Robbe-Grillet et Duras. Je ne les comprends pas. Lorsqu'il y a un dialogue d'eux, on devrait équiper les fauteuils avec des écouteurs, comme à l'ONU. Le verbe de Duras et de Robbe-Grillet serait traduit instantanément en français par des spécialistes.

MICHEL AUDIARD

*

Le Front national vient de créer son pin's : il sera jaune, aura la forme d'une étoile et pour montrer qu'il n'est pas antisémite, Jean-Marie Le Pen ne le distribuera qu'aux juifs.

LAURENT RUQUIER

*

À propos de Bonnie Tyler :

On dirait un mélange de France Gall et de Garou, non ?

LAURENT BAFFIE

*

Régine, je l'ai vue au magasin essayer une robe et le vendeur qui la connaissait lui a dit :

– Alors, on vous donne votre taille tout de suite ou on bousille une fermeture Éclair ?

COLUCHE

*

Le cas de Marie-France Garaud illustre un bovarysme au second degré : l'ancienne conseillère de Pompidou et de Chirac dénonce la médiocrité de l'univers politique en oubliant la sienne propre. D'où son échec à l'élection présidentielle de 1988.

CLAUDE CHABROL

*

À propos de Charles Péguy :
Anesthésiste français.

LOUIS CALAFERTE

*

À propos de George Sand :
... Que quelques hommes aient pu s'amouracher de cette latrine, c'est bien la preuve de l'abaissement des hommes de ce siècle.

CHARLES BAUDELAIRE

*

Au groupe KYO :
Vous êtes plus proche de Lorie que de Nirvana.

MARC-OLIVIER FOGIEL

*

Renaud croit connaître la classe ouvrière parce qu'il a tourné dans *Germinal* !

ARLETTE LAGUILLER

*

Michel Rocard a des talents mais je ne suis pas sûr qu'il ait des qualités.

FRANÇOIS MITTERRAND

*

Line Renaud, elle a trouvé une combine pour les rides, pour se tendre la peau du visage, elle porte plus de soutien-gorge.

COLUCHE

*

À propos de la princesse Margaret :

On aurait dit une énorme balle de fourrure surmontant deux jambes enrobées.

NANCY MITFORD

*

À propos d'Alain :

Il est difficile d'exprimer avec plus de nuances et dans un style plus ferme et plus souple des lieux communs dont la banalité fait pleurer.

GEORGES BERNANOS

*

Brigitte Bardot a déclaré : « Un chat, c'est un cœur avec du poil autour. » Je ne me livrerai à aucun commentaire.

JEAN YANNE

*

À propos de Philippe Sollers :
À chaque bouquin, ce vieux fornicateur mytho éjacule son foutre noir et court faire baptiser le bébé par Pivot.

GUY BEDOS

*

– Il paraît que Régine va remonter sur scène...
– Remonter comment ? Avec une grue ?

SERGE GAINSBOURG

*

Monica Vitti est le sosie de Charlton Heston : avec une barbe, elle aurait pu jouer Moïse, avec une perruque, il aurait pu jouer *L'Avventura*.

CLAUDE CHABROL

*

À propos de Paul Verlaine :
J'ai aimé un porc !

ARTHUR RIMBAUD

*

Benjamin Castaldi a réussi à faire oublier sans peine qu'il est le petit-fils de Simone Signoret, mais nous rappelle en permanence qu'il est le fils de Castaldi, le comédien dont le talent essentiel a consisté à s'introduire une enclume dans la mâchoire.

GUY CARLIER

*

À propos de Jacques Chirac :
Je croyais qu'il était du marbre dont on fait les statues. En réalité, il est de la faïence dont on fait les bidets.

ATTRIBUÉ À MARIE-FRANCE GARAUD

*

M. Marcel Schwob me fait regretter de ne pas avoir été antisémite.

JULES RENARD

*

À propos de Yoko Ono :

Si on la trouve, flottant dans ma piscine, j'accuserai mon chien.

JOAN RIVERS

*

Il y a plus d'humanité dans l'œil d'un chien quand il remue la queue que dans la queue de Le Pen quand il remue son œil.

PIERRE DESPROGES

*

La musique de Wagner est bien meilleure qu'on pourrait le croire à l'entendre.

MARK TWAIN

*

On apprend dans le journal de ce matin que Reagan a deux cancers. Que le meilleur gagne !

COLUCHE

*

M. Zola, fidèle au principe hautain qu'il énonce, dans un de ses pronunciamientos littéraires : « L'homme de génie n'a jamais d'esprit », entend prouver que s'il n'a pas de génie, il sait du moins être assommant. Il y réussit pleinement.

OSCAR WILDE

*

On apprend dans le journal de ce matin que Reagan a deux cancers. Que le meilleur gagne !

COLUCHE

*

J'aime les Corses. Malgré Napoléon. Malgré Tino Rossi. Malgré Charles Pasqua.

GUY BEDOS

*

À propos de Charles Baudelaire :

Il réunit en lui, poussées à l'extrême, toutes les caractéristiques du romantisme : le flou, le mou, le ténébreux, le narcissisme, les infinis faciles. Ce qui ne l'empêche pas, soyons juste, d'avoir un petit fumet assez personnel de viande décomposée et de savonnette.

MARCEL AYMÉ

*

Jackie Kennedy avait la voix de ces filles qui, la nuit, à la radio, vous murmurent tendrement à l'oreille pour vous vendre des crèmes dépilatoires.

NORMAN MAILER

*

La princesse Anne a refusé d'embrasser un enfant... moi, je trouve que c'est bien. Parce qu'avec le nez qu'elle a, elle aurait pu lui crever un œil.

COLUCHE

*

À propos d'Édouard Balladur (présidentielles de 1995) :

Ce type doit émettre une substance chimique à travers les écrans de télé. Les gens vont aller voter sous narcose. Il faudrait faire pisser les électeurs après le scrutin !

GUY BEDOS

*

À propos d'Alfred de Vigny :

Il a au plus haut degré l'adoration de sa personne et se croit tellement important qu'en plein soleil il regarde son ombre, pour se voir passer.

HORACE DE VIEL-CASTEL

*

À propos de Michel Drucker :

Il est le cheval de Troie qui a fait entrer tous les Québécois en France ; il est impossible qu'en quarante ans de télévision Drucker ait aimé tous les artistes qu'il a invités.

THIERRY ARDISSON

*

Zsa Zsa Gabor a été mariée de si nombreuses fois qu'elle a des marques de riz sur le visage.

HENNY YOUNGMAN

*

Dors-tu content, Voltaire, et ton hideux sourire
Voltige-t-il encore sur tes os décharnés ?

ALFRED DE MUSSET

*

On connaît le mot fameux de Napoléon : « Talleyrand, c'est de la merde dans un bas de soie ! »

Il ne manque à M. Sacha Guitry que le bas de soie pour être un incomparable Talleyrand.

HENRI JEANSON

*

Johnny Hallyday, je le rencontre dans un hôtel de vacances à Djerba et il me dit : « Tu sais, Fred, je préfère tes Frédéric Dard à tes San-Antonio. C'est écrit plus gros. »

FRÉDÉRIC DARD

*

Quand Aragon a une velléité d'exister, on l'étouffe avec une décoration soviétique.

ALFRED FABRE-LUCE

*

De deux choses l'une : ou bien Jacques Séguéla est un con, et ça m'étonnerait tout de même un peu ; ou bien Jacques Séguéla n'est pas un con, et ça m'étonnerait tout de même beaucoup.

PIERRE DESPROGES

*

Gide a droit à toute reconnaissance des jeunes bourgeois et ouvriers que l'anus tracasse.

LOUIS-FERDINAND CÉLINE

*

Edmond Rostand, le poète des foules qui se croient d'élite.

JULES RENARD

*

Quand Mireille Mathieu dit une bêtise au moins elle ne chante pas.

JOSÉ ARTUR

*

Dieu a dit à Calogero : « Tu peux choisir, soit être bassiste et gaucher comme Paul McCartney, soit avoir le talent de Paul McCartney. » Bon, il est bassiste et gaucher.

GUY CARLIER

*

Blum ne voit que ce qu'il peut ; sa myopie l'arrange.

MARCEL PROUST

*

Si Zola était écrivain – ce que Dieu, j'en conviens, aurait pu permettre –, une ou deux pages lui eussent amplement suffi, depuis longtemps, pour empiler toute sa sécrétion intellectuelle. La petite couillonnade positiviste dont il s'est fait le Gaudissart n'est vraiment pas une somme philosophique très encombrante et peut aisément s'abriter sous n'importe quoi.

LÉON BLOY

*

À propos de Tina Turner :

Toute en jambes et en cheveux avec une bouche qui pourrait avaler un stade entier ainsi que le stand des hot dogs.

LAURA LEE DAVIES

*

On apprend que Danièle Gilbert a un rhume de cerveau... Normal, les microbes s'attaquent toujours à la partie la plus faible de l'organisme !

COLUCHE

*

À propos de Wagner :

Son infatuation germanique lui fait prendre pour illuminée et digne de passer à la postérité n'importe quelle suite incohérente de sons que, à des minutes de fatigue, il a cru entendre glapir au fond de son trop énorme cerveau de dégénéré.

PIERRE LOTI

*

Godard ne réussit plus du tout à communiquer. À mon avis, il souffre à 70 % et il se paye notre tête à 30 %.

CLAUDE CHABROL

*

Giscard, cette absence déguisée en homme...

FRANÇOIS BOTT

*

Proust, c'est la psychologie du poil de cul coupé en quatre.

BERNARD CREVEL

*

À propos de Drew Barrymore :

On dirait un chausson aux pommes écrasé dans son emballage un jour de canicule.

CAMILLE PAGLIA

*

À propos de Michel Drucker :

Il est vraiment gentil, et je ne dis pas ça méchamment.

GUY BEDOS

*

À propos du général de Gaulle :

Pour son air de bravoure et pour sa haute taille

La girafe un jour voulut être roi.

JEAN ANOUILH

*

Apercevant la veuve, très âgée, de Paul Claudel :

– Mon Dieu, comme elle a dû être laide !

FRANÇOIS MAURIAC

*

Jane Birkin, elle est mignonne, le seul truc, c'est qu'il faut faire gaffe à ce qu'elle n'ait pas la chair de poule, sinon tu sais plus où sont ses seins.

COLUCHE

*

Kirk Douglas sera le premier à vous affirmer qu'il n'est pas un acteur facile. Je serai le second.

BURT LANCASTER

*

À propos d'Anatole France :

C'est un Socrate extrêmement timide, à qui la seule vue de la ciguë donnerait la colique.

LÉON DAUDET

*

À propos de Chateaubriand :
Il croit qu'il devient sourd parce qu'il n'entend plus parler de lui.

SACHA GUITRY

*

À propos de Valéry Giscard d'Estaing :
Son problème c'est le peuple.

ATTRIBUÉ À CHARLES DE GAULLE

*

Quand Jean d'Ormesson a affirmé tout haut à la télévision, à la stupeur générale, qu'on se trompe, qu'il n'est pas intelligent, je crois qu'il faut le prendre au mot, lui savoir gré de sa franchise, la mettre à son crédit et ne pas voir là je ne sais quelle fausse et puante modestie.

BERNARD FRANK

*

Patricia Kaas, elle a la voix de Piaf… et les chansons des Musclés. Sa voix ne va pas du tout avec ses chansons, c'est comme ses disques… Ils ne vont pas du tout avec ma chaîne.

PATRICK TIMSIT

*

J'ai pas peur de l'avouer, j'avais quarante ans passés, eh bien, le jour de la mort de Brassens, j'ai pleuré comme un môme. J'ai vraiment pas honte. Alors que – c'est curieux –, mais le jour de la mort de Tino Rossi, j'ai repris deux fois des moules.

PIERRE DESPROGES

*

Le dentier de l'abbé Pierre demande l'asile politique. Il en a marre qu'on lui fasse dire des conneries.

LAURENT RUQUIER

*

Il paraît que pour faire un disque, il faut coucher avec le producteur. Tu vois la gueule du producteur qui a fait faire un disque à Sim !

COLUCHE

*

Les vers de Valéry me font dormir. Valéry-sur-Somme !

WILLY

*

Je suis dixième au box-office. Juste sous Barbra Streisand. Vous vous imaginez être *sous* Barbra Streisand... Donnez-moi un sac, je vais vomir.

WALTER MATTHAU

*

Bataille veut être poète un peu comme on veut être drôle à propos de rien.

JULES RENARD

*

Dans mon cul où il se trouve, on ne peut demander à Jean-Paul Sartre d'y voir bien clair, ou de s'exprimer nettement.

LOUIS-FERDINAND CÉLINE

*

Gilbert Montagné, faut pas qu'il chante pendant les hymnes, ce serait con de prendre un carton rouge avant que ça commence !

STÉPHANE GUILLON

*

Je me souviens d'un type qui disait à Maurice Druon : « Vous êtes le plus grand écrivain depuis Balzac ! » Et Druon acceptait sans sourciller. Ça, c'est formidable ! De deux choses l'une : ou Druon n'avait pas lu Balzac ou il n'avait pas lu ses propres livres, vu que, tout de même, il y a une légère différence.

CLAUDE CHABROL

*

Picasso : « Figurez-vous que j'ai écrit une pièce de théâtre en une semaine. »

Moi : « Oui, et moi j'ai peint un Picasso en cinq minutes. »

CHARLES DUITS

*

Eluard aime bien papoter. Il est très féminin. Avant de sortir, il est très longtemps devant la glace à se lisser les cheveux et à poser son chapeau à la position optima, non, ce n'est pas encore ça ! Un petit peu plus à droite, un petit peu plus sur l'œil, très bien ! Un millimètre ou un millimètre et demi, autant que j'aie pu voir. Mais ce petit millimètre avait une très grande importance. Une vieille coquette qui croit encore à la puissance d'un chapeau pour faire un Chopin.

MAURICE BLANCHARD

*

Sainte-Beuve, ce crapaud qui voudrait tant être une vipère.

JULES BARBEY D'AUREVILLY

*

Brigitte Bardot est incapable de faire du mal à une mouche. Elle ne sait pas reconnaître une bombe insecticide d'un vibromasseur.

JACQUES CHARRIER

*

Mme Cresson démontre une exceptionnelle capacité à faire regretter n'importe qui.

PHILIPPE MEYER

*

Les Russes adorent Brooke Shields parce que ses sourcils leur rappellent ceux de Brejnev.

ROBIN WILLIAMS

*

Il était très gros, Pompidou, quand il est mort ! Il a éclaté ! D'ailleurs, on a reconstitué ses intestins avec des tuyaux place Beaubourg !

COLUCHE

*

J'ai déjà marché dans de l'Audiard. Comme c'était du pied gauche, ça m'a porté chance.

JEAN-LOUIS BORY

*

L'ambassade de Chine à Belgrade bombardée pas les Américains. Ce qui confirme que Clinton vise mal comme une certaine robe bleue nous le laissait à penser.

JEAN YANNE

*

À propos de Lauren Bacall :

Ses cheveux flottent sur ses épaules comme un cocker anesthésié.

HENRY ALLEN

*

Maurice Ravel a refusé la Légion d'honneur, mais toute sa musique l'accepte. Ça n'est pas tout de refuser la Légion d'honneur, encore faut-il ne pas l'avoir méritée.

ERIK SATIE

*

À propos de Brigitte Bardot :

Une trayeuse bien en chair rappelant une vache affublée d'une ceinture, toutes deux ayant exactement le même talent d'actrice.

MR. BLACKWELL

*

À propos de Francis Marion Crawford :

Il répète avec insistance qu'être bon, c'est être bon et qu'être méchant, c'est être méchant. Il en devient édifiant à ses heures.

OSCAR WILDE

*

À propos de Charles de Gaulle :

Nous l'appelons Jeanne d'Arc et nous cherchons quelque évêque pour le faire brûler.

WINSTON CHURCHILL

*

Lettre à Joseph Delteil :

La question serait de savoir si vous êtes un porc ou un con (ou un porc et un con). Dans l'alternative, je préfère bien entendu ne plus vous voir, ne plus avoir à vous examiner.

ANDRÉ BRETON

*

Brel, le Brassens des classes moyennes.

MARCEL MARIËN

*

Il y avait déjà des bas résille, maintenant il y a des bas Régine. C'est des collants chair, en plastique latex, que tu enfiles de force et ça tient bien la graisse... ça fait moins mou !

COLUCHE

*

À propos de Maurice Couve de Murville :

C'est un homme extrêmement modeste... et qui a toutes les raisons de l'être.

GEORGES POMPIDOU

*

Barbey d'Aurevilly, cuistre impur, fat vieilli, et beaucoup plus Barbey qu'il n'est d'Aurevilly.

VICTOR HUGO

*

À propos de Jean-Luc Lahaye :

Un nouveau Jésus sponsorisé par la Une. Sabatier à côté, c'est Sartre !

GUY BEDOS

*

À propos de Valéry Giscard d'Estaing :

Célèbre chauve creux de la seconde moitié du seizième arrondissement.

PIERRE DESPROGES

*

Un fiacre vide s'arrête devant la Comédie-Française. Sarah Bernhardt en descend.

AURÉLIEN SCHOLL

*

Il paraît qu'au lit Eddie Barclay est un véritable pur-sang : il n'y a pas moyen de le dresser !

COLUCHE

*

À propos de Laurent Fabius :

Petit monstre froid, lisse et blanc, avec ses emportements presque vulgaires de gosse de riche.

BERNARD FRANK

*

À propos de Mireille Mathieu :

Avec elle, je n'ai jamais envie d'être trop méchant. Je me dis qu'à trop vaincre sans péril, on triomphe sans gloire.

PHILIPPE BOUVARD

*

Cher monsieur Reverdy que je n'ai pas l'honneur de connaître, il me semble que depuis que vous consacrez votre vie à la poésie vous essayez de faire manger un peu de votre merde à tout le monde.

FRANCIS PICABIA

*

Les dames d'honneur de la reine d'Angleterre doivent bien sûr être bien habillées mais doivent l'être de façon moins élégante que la reine. C'est duraille.

JEAN YANNE

*

Un jour, John Wayne m'a envoyé un scénario qu'il avait écrit quelques années auparavant. Je ne l'ai pas rappelé. C'est lui qui, finalement, m'a téléphoné. Il m'a tout de suite dit : « Je pense que j'aurais dû mettre un peu plus de feu dans le scénar, non ? » Je lui ai répondu : « Et vice versa » et j'ai raccroché.

JOHN HUSTON

*

M. de Mirabeau est l'homme du monde qui ressemble le plus à sa réputation : il est affreux.

COMTE DE RIVAROL

*

Zola imagine avoir découvert un monde nouveau, parce qu'il a fait le tour des fesses de Nana.

JEAN RICHEPIN

*

Jacques Chirac président :

Je ne sais pas ce qui s'est passé avec ce garçon : il a eu un état de grâce qui a duré en tout quinze secondes. À huit heures, il était élu, à huit heures une, tout le monde regrettait. Lui, c'est pas le septennat, c'est même pas le quinquennat qu'il lui faut, c'est le minutat.

GUY BEDOS

*

C'est normal qu'il dise du mal de moi, Collaro, qu'est-ce que tu veux qu'il dise ? Il va pas dire du bien de lui quand même !

COLUCHE

*

Bruel, je voudrais bien aimer ses chansons, mais je suis trop vieux, je comprends pas les paroles.

PATRICK TIMSIT

*

Kouchner sera-t-il candidat à la présidence de la République ? Il ne veut pas encore se prononcer. Sans doute attend-il de savoir ce que Patrick Bruel va décider de son côté.

LE NOUVEL OBSERVATEUR

*

À propos de Paul Newman :

Il est riche, beau, toujours amoureux de sa femme et participe encore à des courses automobiles. Après avoir dîné avec lui, on a envie de se suicider.

ROBERT REDFORD

*

À propos d'Alain Juppé :

Le cynisme lui a toujours tenu lieu de colonne vertébrale.

FRANÇOIS MITTERRAND

*

Quand je vois Raymond Barre à l'Assemblée nationale et qu'il ne roupille pas, il se tourne les pouces et je me dis : « Tiens, il fait son jogging. »

ANDRÉ SANTINI

*

À propos d'Isadora Duncan :

On aurait dit que le visage de cette femme était fait de sucre et que quelqu'un l'avait léché.

GEORGE BERNARD SHAW

*

Picasso est espagnol, moi aussi ! Picasso est un génie, moi aussi ! Picasso est communiste, moi non plus !

SALVADOR DALÍ

*

Dieu a envoyé Elsa à Aragon pour venger tous les gens qu'il a emmerdés.

ROGER STÉPHANE

*

À propos de Lance Armstrong :

Il paraît qu'il s'est tellement fait piquer les fesses qu'on pourrait égoutter les pâtes avec.

LAURENT RUQUIER

*

Alphonse de Lamartine : Cigogne larmoyante.

ISIDORE DUCASSE
(COMTE DE LAUTRÉAMONT)

*

À David Letterman :

Qui choisit vos fringues ? Stevie Wonder ?

DON RICKLES

*

Catherine Trautmann aura été le seul ministre de la Culture capable de faire regretter Philippe Douste-Blazy.

PHILIPPE MEYER

*

Il y a bien longtemps que Pascal Sevran n'est plus qu'une pitoyable caricature, une sorte de vieux marquis fatigué qu'on exhibe à la télévision, en sachant qu'il va balancer deux ou trois horreurs sans risques, quelques aphorismes réactionnaires et qu'il va se fâcher avec d'autres écrivains mineurs.

GUY CARLIER

*

Apocryphe, peut-être, mais après l'élection couplée de Marguerite Yourcenar et de Michel Droit, un académicien aurait dit : « On a élu une femme, on peut bien élire un con. »

MATTHIEU GALEY

*

Sur Joséphine Baker en mai 68 :

Elle a commencé avec les bananes, elle finit avec le régime.

LE CANARD ENCHAÎNÉ

*

Tu sais comment on reconnaît Dalida à Roland-Garros ? C'est la seule qui tourne pas la tête pendant les échanges. Elle voit Connors et McEnroe en même temps !

COLUCHE

*

À propos de Napoléon III :
Le corbeau qui veut imiter l'aigle.

VICTOR HUGO

*

À Elsa Zylberstein :
Je vous ai trouvé un défaut, vous étiez fan de Patrick Bruel !

STÉPHANE GUILLON

*

Mirabeau est capable de tout pour de l'argent, même d'une bonne action.

COMTE DE RIVAROL

*

Elizabeth Taylor est énorme... elle met de la mayonnaise sur son aspirine.

JOAN RIVERS

*

À propos de Paul Claudel :

Conservé dans le formol au Muséum. Provoque l'attendrissement des ethnologues et l'horreur chez les petits garçons.

RAYMOND MARQUÈS

*

On doit au moins à Monica Lewinsky d'avoir relancé la mode du bavoir et du gargarisme.

JEAN YANNE

*

À propos de Jennifer Lopez :

Je ne sais pas si moi, j'aurai le courage de me montrer avec un derrière pareil !

CINDY CRAWFORD

*

Raymond Barre respire l'honnêteté. Le problème, c'est qu'il est asthmatique.

COLUCHE

*

À propos de Margaret Thatcher :
Elle ne vieillit pas, elle rouille.

JEAN BOISSONAT

*

George Sand, la vache bretonne de la littérature.

JULES RENARD

*

Beethoven a toujours été pour moi comme des sacs de clous qu'on renverserait avec, de temps à autre, un coup de marteau.

JOHN RUSKIN

*

À propos d'Hedda Hopper :
Timide ? Aussi timide qu'une scie circulaire.

GEORGE ELLS

*

À propos de Valéry Giscard d'Estaing :

On a tout dit sauf qu'il était physiquement trop propre et croyait qu'il entraînerait la France derrière lui en laissant, dans son élégant sillage, un parfum délicat de savonnette.

JEAN CAU

*

Les dernières années de Sartre : le génie ne vaccine pas contre le gâtisme.

PHILIPPE BOUVARD

*

À propos de Jane Mansfield :

Pour elle, l'art dramatique consiste à savoir comment remplir un sweater.

BETTE DAVIS

*

Scoop : les photos de Mitterrand sur son lit de mort auraient été prises par Jack Lang. La preuve ? Si c'était pas lui, il serait sur la photo.

LAURENT RUQUIER

*

À propos de Richard Nixon :

Il regarde toujours derrière lui. Voilà un homme qu'on n'abattra pas d'une balle dans le dos.

CHARLES DE GAULLE

*

À propos de Margaret Thatcher :

Elle a les lèvres de Marilyn et les yeux de Caligula.

FRANÇOIS MITTERRAND

*

Henri Guillemin prépare quelque chose sur la pensée de Victor Hugo ? Alors, il aura vite fini. Cela me rappelle le traité d'un moine carolingien : « *De tenebris et nihilo.* »

PAUL CLAUDEL,
CITÉ PAR HENRI GUILLEMIN

*

À propos de Johnny Hallyday :

Incarnation d'un besoin impérieux et bestial ; ne rien comprendre, ne rien exprimer. Vacuité qui ne se sait même pas vacuité !

ALAIN BOSQUET

*

La vie est trop courte et Proust est trop long.

ANATOLE FRANCE

*

Moi, pas maquillée, je ressemble à Clémentine Célarié !

AMANDA LEAR

*

« Aller où boivent les vaches ! » écrivait Rimbaud, dont la bêtise fut bovine dans une forte proportion.

ROLAND DUBILLARD

*

Le physique d'Olivier Mazerolles évoque habituellement celui d'un gérant de supérette.

GUY CARLIER

*

Jeter respectueusement le commandant Cousteau aux requins.

MARCEL MARIËN

*

À propos d'Arthur Rimbaud :
Un avorton qui se soulage au pied de l'Himalaya.

LÉON BLOY

*

Juppé a une tête à se faire gifler par Gabin dans un film en noir et blanc.

GUY BEDOS

*

Maurice Druon n'est pas de ceux qui font une carrière éclatante dans la modestie.

ANTOINE BLONDIN

*

À propos de Jean Jaurès :
On reconnaît une phrase de lui à ce que tous les verbes sont au futur.

GEORGES CLEMENCEAU

*

Line Renaud quand elle était jeune, la mer Morte était pas encore malade.

COLUCHE

*

Finalement, je m'aperçois que l'on reste toujours fidèle à ce que l'on est : Godard est un vieil escroc et reste un vieil escroc ; Rivette est un vieux puritain et reste un vieux puritain. Quant à moi, je suis un vieux rigolard...

CLAUDE CHABROL

*

Il y a quelqu'un qui a plus d'esprit que Voltaire, c'est tout le monde.

TALLEYRAND

*

À propos de Le Corbusier :
Inventeur de l'architecture d'autopunition.

SALVADOR DALÍ

*

L'écriture de Virginia Woolf n'est rien de plus qu'une broderie chic. Je pense qu'elle doit avoir le patron quelque part.

DAME EDITH SITWELL

*

À propos de Bernard-Henry Lévy :

Il fut [...] envoyé spécial du journal *Combat* au Bangladesh, d'où il rapporta sa première œuvre oubliable et le dégoût du riz complet.

PIERRE DESPROGES

*

À propos de Madonna :

Elle est tellement poilue que quand elle a levé les bras j'ai cru que Tina Turner s'était cachée sous son aisselle.

JOAN RIVERS

*

Chevènement : la prochaine fois, ils se sont jurés de l'anesthésier au maillet.

JEAN YANNE

*

À propos de Paul Valéry :

Percepteur de campagne. A fini les bras en croix, en vieux granit, à l'entrée du cimetière de Sète. Photographié à chaque saison par le même touriste américain qui le confond avec Brassens.

RAYMOND MARQUÈS

*

À propos de Naomi Campbell :

Cette limace sans scrupule mérite d'être tuée à coup de pattes par un âne... et je suis justement la personne indiquée pour le faire !

CLAUDIA SCHIFFER

*

Avec son regard, Dalida, à la télé, donnait l'impression d'être sur deux chaînes à la fois.

JOSÉ ARTUR

*

À Massimo Gargia :

On vous aime bien ! On vous aimerait encore plus si vous n'écriviez plus !

LAURENT RUQUIER

*

Monica Lewinski a accepté de présenter une émission de télé-réalité appelée *Mr. Personality*. Elle dit que, comme ça, si les gens lui demandent quelle est la chose la plus dégradante qu'elle ait jamais faite, elle aura une nouvelle réponse à donner.

TINA FEY

*

Un œil sur le manuel du petit anar et l'autre accroché sur la centrale catholique, M. Truffaut aimerait persuader les clients du Fouquet's qu'il est un individu dangereux.

MICHEL AUDIARD

*

J'ai cherché un mot pour caractériser la sottise de Zola. Elle n'est pas seulement exorbitante. Elle est étrange et sale. C'est une sottise qui aurait servi à rincer quelque chose.

LÉON BLOY

*

À propos de Warren Beatty :

S'il a eu un enfant, c'est seulement pour pouvoir rencontrer des baby-sitters.

DAVID LETTERMAN

*

Fernandel ne ressemblait à personne. Heureusement pour les autres.

HENRI JEANSON

*

À propos d'Édouard Balladur :

Qu'est-ce qu'elle lui trouve Marie-Josèphe ? Décidément, cette femme restera toujours une énigme pour moi. C'est peut-être parce qu'il porte ses couilles sous le menton. Je reconnais que c'est une singularité qui peut intéresser un esprit curieux.

GUY BEDOS

*

La fièvre typhoïde est une maladie terrible : on en meurt, ou on en reste idiot. J'en sais quelque chose : je l'ai eue.

MAC-MAHON LUI-MÊME

*

Raymond Barre, mollusque de centre flasque.

CHARLIE HEBDO

*

Hugh Grant ressemble à un chimpanzé !

LIZ HURLEY

*

Rocard est comme du chatterton qui colle au veston quand on l'a décollé du doigt.

FRANÇOIS MITTERRAND

*

À propos d'Ingrid Bergman :

Elle parle cinq langues mais ne peut jouer dans aucune d'elles.

JOHN GIELGUD

*

MARC-OLIVIER FOGIEL : Vous n'aimez pas *Libé* car ils disent du mal de vous ?

RENAUD : Bah, tiens... Ils diraient du mal de toi que j'en aurais rien à foutre !

*

Elles étaient formidables les obsèques de Mitterrand. Quel dommage qu'on n'ait pas fait aussi bien pour Giscard.

ANDRÉ SANTINI

*

Kirk Douglas est un faux-jeton, il a le trou du cul au milieu du menton.

ROBERT MITCHUM

*

Dans *La Mariée était en noir*, j'avais besoin de montrer un personnage ridicule et prétentieux. Cela nous a aidés de penser à Jean Dutourd.

FRANÇOIS TRUFFAUT

*

Sarkozy ? Il faut lui marcher dessus, pour deux raisons. La première : c'est la seule chose qu'il comprenne. La seconde : cela porte chance.

JACQUES CHIRAC

*

Le tribunal a estimé que le fait d'avoir assimilé Tapie à une poubelle pouvait être à la rigueur une « injure », mais sûrement pas une « diffamation ».

LE CANARD ENCHAÎNÉ

*

Papon se défend comme il peut : « J'ai distribué moins d'étoiles que le guide Michelin. »

LAURENT RUQUIER

*

Ci-gît, muette enfin Mireille
Mathieu
Qui n'offense plus que l'oreille
De Dieu

JEAN DEROUEN

*

À propos de Ronald Reagan :

Ce qui nous est arrivé est notre faute à tous. Si nous avions su donner du travail à ce mauvais acteur, il ne se serait jamais lancé dans la politique.

OTTO PREMINGER

*

À propos de Katharine Hepburn :

Elle sait restituer toute la gamme des émotions de A jusqu'à B.

DOROTHY PARKER

*

Je ne crois pas que le président Bush fasse quoi que ce soit contre le sida ; je ne suis même pas sûre qu'il sache épeler sida.

ELIZABETH TAYLOR

*

THIERRY ARDISSON : Vous regrettez de ne pas avoir écrit vos chansons vous-même ?

CHRISTINE DEVIERS-JONCOUR : Mais je les écris moi-même.

LAURENT BAFFIE : Et ça, tu regrettes pas ?

*

Jean Alesi a pris une grande décision pour la saison prochaine : il passe le permis de conduire.

LAURENT RUQUIER

*

À propos de Françoise Sagan :

Erratum : il ne fallait pas lire : « La cocaïne de *Bonjour Tristesse* prenait de l'héroïne », mais bien : « L'héroïne de *Bonjour Tristesse* prenait de la cocaïne. »

LES NULS

*

À propos du mariage de Frank Sinatra et de Mia Farrow :

Ah ! J'ai toujours su que Frank finirait par mettre un garçon dans son lit !

AVA GARDNER

*

Chirac est prêt à tout pour y arriver. Beaucoup d'hommes politiques vendraient leur mère, Chirac, lui, en plus, il la livre !

COLUCHE

*

Il y a une bonne femme qui m'a envoyé une paire de chaussons, du 162, je vais en envoyer un à Bouvard, ça lui fera un deux-pièces.

COLUCHE

*

Barbra Streisand est un monstre, mais c'est un monstre fascinant. Je pense que son plus gros problème, c'est qu'elle veut être une femme et elle veut être belle, mais elle n'est ni l'un ni l'autre.

OMAR SHARIF

*

À propos de Chateaubriand :

Connu surtout pour le bifteck qui porte son nom.

GUSTAVE FLAUBERT

*

À Larry King :

Ça vous ennuie si je me recule un peu ? Vous avez vraiment trop mauvaise haleine.

DONALD TRUMP

*

À propos de Georges Mandel, son directeur de cabinet :

Quand je pète, c'est Mandel qui pue !

GEORGES CLEMENCEAU

*

Quand j'ai nommé Édith Cresson Premier ministre, je lui ai dit qu'elle avait le devoir de se rendre impopulaire. Je ne pensais pas qu'elle réussirait aussi bien.

FRANÇOIS MITTERRAND

*

À propos de Victor Hugo :
Gros ventilateur.

LOUIS CALAFERTE

*

À propos de François Mitterrand :
Dans le Midi, nous dirions qu'il a l'air franc comme un derrière de mule.

JEAN CAU

*

M. Le Pen veut être blanchi pour tout ce qu'il a fait en Algérie : cet homme aigri qui n'aime pas les Noirs et qui veut être blanchi.

COLUCHE

*

Les propos antisémites d'Autant-Lara ? C'est le sphincter buccal qui a lâché !

GUY BEDOS

*

À propos d'Émile Zola :

Tant qu'il n'aura pas dépeint complètement un pot de chambre plein, il n'aura rien fait.

VICTOR HUGO

*

On a souvent dit que les bons critiques littéraires faisaient d'assez piètres romanciers. Madeleine Chapsal prouve avec force que l'on peut être médiocre critique littéraire et une exécrable romancière.

JACQUES STERNBERG

*

Il y a des moments où l'on a envie de se pendre aux cordes vocales de Tino Rossi ! Mais elles ne sont pas solides. Écoutez-le. Ce ne sont pas des cordes. Ce sont des ficelles. Et encore !

HENRI JEANSON

*

Philippe Séguin, ce n'est pas un taureau, c'est une vache folle qui a contaminé tout le troupeau.

ATTRIBUÉ À JACQUES CHIRAC

*

Mirabeau disait : « Je suis payé mais je ne suis pas corrompu. »

Céline n'est peut-être pas payé, mais il est sûrement corrompu.

HANNS-ERICH KAMINSKI

*

Régine, il paraît qu'elle est en travaux en ce moment, elle se fait refaire le portail. Et on peut pas lui parler en plus : elle est fermée pendant les travaux ! Pas sa boîte hein, c'est elle qui est fermée ! Elle a tellement grossi, il paraît, qu'elle se fait tout livrer. Elle ne peut plus sortir de chez elle. Elle devait venir mais Allô Fret est en grève !

COLUCHE

*

De nos jours, une servante aussi ignorante que l'était la reine Victoria quand elle monta sur le trône serait déclarée mentalement déficiente.

GEORGE BERNARD SHAW

*

George Sand : Hermaphrodite circoncis.

ISIDORE DUCASSE
(COMTE DE LAUTRÉAMONT)

*

Si gouverner, c'est prévoir, Balladur est le Gillot-Pétré de la politique. Sa bonne cote dans les sondages vient sans doute du fait que, à l'inverse d'un Mauroy qui se plantait régulièrement dans ses prévisions, lui nous dit qu'il va pleuvoir quand il va pleuvoir. L'ennui, c'est que, depuis qu'il est là, il pleut tout le temps.

GUY BEDOS

*

Beethoven n'entendait rien à la musique.

MARCEL MARIËN

*

À propos de Marie Laurencin :

En voilà une qui mériterait qu'on lui en mette une grosse... quelque part pour lui apprendre que l'art n'est pas une petite pose devant un miroir.

ARTHUR CRAVAN

*

Ci-gît Zola qui ne fut rien. Pas même académicien.

ALPHONSE ALLAIS

*

À propos de Nancy Reagan :

Une bimbo sexagénaire avec un vice prononcé pour la décoration intérieure.

BARBARA EHRENREICH

*

Les révolutionnaires du style de Jean-Paul Sartre n'ont jamais troublé le sommeil d'aucun banquier du monde.

RAYMOND ARON

*

Il est encore mort Mike Brant ? Mais alors c'est tous les jours !

COLUCHE

*

Mme de Beauvoir a cru qu'il fallait devenir adulte. Comme si c'était possible. Elle est seulement devenue institutrice et sadique. On le voit rien qu'à la lire : elle ressemble à un psychiatre universitaire.

ROLAND DUBILLARD

*

À propos de Philippe Bouvard :
... avec sa tronche d'ancien bébé.

GUY BEDOS

*

M. Jean-Marie Le Pen est un sapin de Noël.

(Ce n'est pas tout à fait exact, mais si on dit qu'il est un fasciste, il fait un procès.)

PIERRE DESPROGES

*

À propos de Clint Eastwood :

Comment pouvez-vous croire qu'un acteur sur le retour, qui a donné la réplique à un chimpanzé, puisse avoir un futur dans la politique ?

RONALD REAGAN

*

À propos du maréchal Lyautey :

Voilà un militaire qui a des couilles au cul. L'ennui, c'est que ce ne sont pas les siennes.

GEORGES CLEMENCEAU

*

À propos de Marcel Dassault :

Il sera candidat à l'Assemblée nationale jusqu'à sa mort. Après, il se présentera au Sénat.

LIONEL STOLÉRU

*

Un autre jour, j'ai dit à l'antenne que la littérature de Malraux était soporifique. J'en parlais en connaissance de cause puisque j'avais entrepris cette lecture pendant des vacances pluvieuses dans la Sarthe. J'ai ajouté alors que, pour tenter de lire Malraux, il fallait être dans un pays aussi ennuyeux que la Sarthe. Malraux n'a pas bronché. Mais c'est le syndicat d'initiative sarthois qui a réclamé ma tête.

JEAN YANNE

*

J'ai rêvé que je taillais la barbe et les cheveux de Claude Debussy comme si c'était une haie !

CLAUDE CHABROL

*

À propos de Gertrude Stein :

À la fin de sa vie, elle ressemblait à une poire pourrie.

GORE VIDAL

*

À propos de Judy Garland :

Je ne la connaissais pas, mais après l'avoir vue en action, je n'ai plus la moindre intention d'essayer.

JOAN CRAWFORD

*

Lorsque Mauriac pensait à Mauriac, il ne pensait pas à grand-chose mais il pensait. Il cesse de penser dès qu'il s'occupe de politique.

JEAN COCTEAU

*

Il est plus difficile de faire un bon sketch qu'une plaisanterie sur Toubon ou Debré qui me mâchent considérablement le travail !

GUY BEDOS

*

Si vous voulez me torturer, attachez-moi à une chaise et passez-moi du Mariah Carey en boucle ; ce sera un enfer pour moi ! Je vous assure, le pire...

CAMERON DIAZ

*

Tu sais ce qu'il m'a dit Johnny Hallyday ? Il m'a dit : « Moi tu vois, je fréquente personne dans le métier », alors je lui ai dit : « Mais quand même tu connais vachement Carlos », il m'a répondu : « Mais il est pas du métier, Carlos, c'est un ami. »

COLUCHE

*

À propos de Jacques Chirac :

C'est un cheval. Le drame commencera quand il se prendra pour un jockey.

ALEXANDRE SANGUINETTI

*

Gide se figure qu'il est simple parce qu'il est plat et qu'il est classique parce qu'il est blafard. C'est un clair de lune sur un dépôt de mendicité.

PAUL CLAUDEL

*

Les Illusions de la mer de Jean d'Ormesson. Comment peut-on être aussi niais et avoir dix agrégations et vingt-cinq licences ? Scènes partouzardes sur yacht genre Onassis. Cet esprit fin et distingué tombe dans le Guy des Cars et le Peyrefitte.

PAUL MORAND

*

À propos de Yoko Ono :

Sa voix ressemblait à celle d'un aigle qui se fait pincer les fesses.

RALPH NOVAK

*

À Jacques Sternberg :

Vos contes donnent l'impression d'être assez mal traduit du néerlandais.

JEAN PAULHAN

*

La mite est née le jour où Gaston Gallimard a ouvert son portefeuille devant un de ses auteurs.

ALEXANDRE VIALATTE

*

À propos de Salvador Dalí :

Avida dollars.

ANAGRAMME D'ANDRÉ BRETON

*

Carlos a voulu prendre une jeune femme sur ses genoux hier soir. Malheureusement il y avait déjà son ventre !

COLUCHE

*

Erik Satie a trouvé la musique d'ameublement ; façon de s'introduire dans le monde. (Locations pour soirées.)

FRANCIS PICABIA

*

À propos de Jean-Paul Belmondo :

Le célèbre culturiste commercial des salles obscures.

PIERRE DESPROGES

*

À propos de Boris Eltsine :

À Moscou, ces derniers temps, on dirait que la langue de bois a été remplacée par la gueule de bois.

GUY BEDOS

*

À propos de Gilbert Bécaud :
Exactement le contraire de l'intelligence et du spirituel.

EUGÈNE IONESCO

*

Régine, elle chante pour tuer le temps. Elle a une arme redoutable, hein, je ne voudrais pas être le temps, moi !

COLUCHE

*

À propos de Jacques Delors :
... mélange de Jérémie plaintif et de saint Sébastien bardé de flèches.

RAYMOND BARRE

*

Wagner : à petite dose ; je ne le laisse pas me rendre malade.

CLAUDE ROLAND-MANUEL

*

À propos d'Alfred de Musset :

Quand on veut ainsi mettre le soleil dans sa culotte, on brûle sa culotte et on pisse sur le soleil.

GUSTAVE FLAUBERT

*

Pascal Jardin en est au quatrième volume sur feu son père. Pour s'expliquer, il a cette jolie formule : « Je fais revenir Papa. » L'art d'accommoder les restes.

MATTHIEU GALEY

*

À propos de Jean Cocteau :
Méfiez-vous, il est vicieux.

ANDRÉ GIDE

*

M. Fabius est au Premier ministre ce que le Canada Dry est à l'alcool.

CHARLES PASQUA

*

Christophe Colomb était le premier socialiste : il ne savait pas où il allait, ignorait où il se trouvait et faisait tout ça aux frais des autres.

WINSTON CHURCHILL

*

À propos de Sarah Bernhardt :

Elle a l'air intelligent quand elle écoute des choses qu'elle ne comprend pas.

JULES RENARD

*

À Patrick Sabatier :

Vous êtes à la gentillesse ce que je suis à la méchanceté. On en rajoute tous les deux.

GUY BEDOS

*

Le 10 mai c'est pas une bonne date pour les rois. Y en a deux qui sont morts ce jour-là : Louis XV et Giscard d'Estaing.

COLUCHE

*

Hugo-sacerdoce a toujours le front penché ; trop penché pour rien voir, excepté son nombril.

CHARLES BAUDELAIRE

*

À propos de Winona Ryder :

À Hollywood, on la vénère, elle est nominée aux Oscars ; mais je n'ai jamais entendu dire quiconque dans le public ou parmi mes amis dire : « Oh, je l'adore ! »

JENNIFER LOPEZ

*

Dans *Le Monde* : « Grand palmarès de l'impopularité en Angleterre ». Margaret Thatcher fait deuxième, je vous le donne en mille, derrière Hitler. Comme Hitler est mort, elle est quand même première vivante.

COLUCHE

*

Bourré de fric, vivant comme le pire des bourgeois, servi par les domestiques, Claudel ose écrire : « À la gloire de la Pauvreté, jamais de temples assez magnifiques ! » (2 octobre 1946.)

La putinerie catholique est sans bornes...

LOUIS CALAFERTE

*

À propos de Georges Bernanos :

Un écrivain de sous-préfecture.

PAUL CLAUDEL

*

Entre Bonaparte et Bokassa se nommant eux-mêmes empereurs d'une certaine quantité de mammifères et Caligula nommant son cheval consul, le plus sot n'est pas celui qu'on pense.

MARCEL MARIËN

*

L'homme que je déteste le plus au monde est Auguste Rodin parce qu'il est l'auteur d'une sculpture abominable qui représente un penseur, la tête appuyée dans les mains. En cette position on ne peut rien créer, on peut tout juste déféquer.

SALVADOR DALÍ

*

Michel Polnareff, qui est revenu en France après cinq ans d'exil fiscal, a reçu la visite des huissiers qui ont embarqué tous ses meubles : « Moi dans la chambre vide dans la maison vide je cherche une chaise pour m'asseoir... »

COLUCHE

*

Quand Mitterrand crache un noyau d'olive, Max Gallo en fait une salade niçoise.

GUY BEDOS

*

À propos de Nicolas Boileau :

Boileau, vers dix ans, un dindon lui a boulotté la quéquette.

BERTRAND POIROT-DELPECH

*

À propos de Joan Crawford :

Joan pleure toujours beaucoup. Son canal lacrymal doit communiquer avec sa vessie.

BETTE DAVIS

*

Un cocktail, des Cocteau.

ANDRÉ BRETON

*

Lubitsch prenait le cinéma au sérieux. Delannoy, lui, se prenait au sérieux en faisant du cinéma. Certains cinéastes se confondent avec le cinéma. C'est terrible !

CLAUDE CHABROL

*

Je m'ennuie en France, surtout parce que tout le monde y ressemble à Voltaire.

CHARLES BAUDELAIRE

*

Trop bavard, trop distrait et trop nerveux pour réussir.

Bulletin scolaire de Jacques Chirac au lycée Carnot, à Paris, 1946.

*

Moi, j'ai toujours eu du mal avec Björk ! Quand elle chante, j'ai toujours l'impression que mon chat s'est coincé la queue dans une porte...

LAURENT RUQUIER

*

À propos de Jean-Pierre Raffarin :

Il me fait penser à un zébu. J'attaque jamais sur le physique mais, lui, il abuse.

GUY BEDOS

*

À propos de Gerald Ford (président américain) :

Il a trop joué au football américain sans casque.

LYNDON B. JOHNSON

*

Quand on le regarde, Bouvard, ce nabot rieur, étouffé par la graisse, « la vache qui rit » demeure la comparaison la plus flatteuse.

ROGER PEYREFITTE

*

À propos d'Antoine Waechter :

Son verbe a plutôt les vertus de la verveine qu'on imagine versée dans son verre chaque soir, les pieds chaussés de pantoufles qui ne sauraient être de vair, car il bannit l'usage de la fourrure.

PHILIPPE MEYER

*

Quand Zola regarde une mare à purin, il croit voir son armoire à glace.

JULES BARBEY D'AUREVILLY

*

À propos de Leonardo di Caprio :

Leonardo est un brave garçon.

JOHNNY DEPP

*

À propos de Raymond Barre :

Avec de tels amis, on n'a pas besoin d'ennemis.

CHARLES PASQUA

*

À propos de Farrah Fawcett :

C'est peut-être les cheveux, peut-être les dents, peut-être l'intellect... Non, c'est les cheveux !

TOM SHALES

*

Tout à coup, une porte s'ouvre : entre silencieusement le vice appuyé sur le bras du crime, M. de Talleyrand marchant, soutenu par M. Fouché.

CHATEAUBRIAND

*

Line Renaud a trente ans de carrière. Dis donc, elle a commencé tard !

COLUCHE

*

Attentat contre Kennedy réussi, contre Lennon réussi, contre Reagan manqué ! Ce sont toujours les meilleurs qui partent.

GUY BEDOS

*

Oserais-je noter ici, tout bas, que je me demande si, pour le bien de sa légende, Camus ne serait pas mort à temps ?

HENRI GUILLEMIN

*

Si l'on y admet M. Cézanne, il ne reste qu'à mettre le feu au Louvre.

HENRI ROCHEFORT

*

Je suis pour la participation des hommes dans le sport féminin ; les sœurs Williams ont déjà ouvert la voie dans le tennis.

JEAN-LUC LEMOINE

*

Wagner fut un beau coucher de soleil qu'on a pris pour une aurore.

CLAUDE DEBUSSY

*

Daniel Pennac, que je croise dans un studio de télévision, est un bonhomme sans défaut majeur, sinon ses livres.

ARNAUD VIVIANT

*

Apprenant l'assassinat de Marat par Charlotte Corday :

Je plains Marat. Il n'a pas eu de chance... Pour une fois qu'il prenait un bain !...

COMTE DE RIVAROL

*

Moi, je connais le mec qui a lancé Mike Brant. Pas par la fenêtre, hein, ça, il s'est lancé tout seul !

COLUCHE

*

Mitterrand a géré la France comme on gère un bar : à son profit.

JEAN-FRANÇOIS REVEL

*

À propos de Paul Morand :

Par les yeux, il était plus chinois que Mao, et il avait les jambes tellement arquées qu'on cherchait le cheval partout.

ARLETTY

*

Menteur, comme l'autre, avant : mais pour Mitterrand, on se référait souvent à Machiavel. Chirac, lui, ce serait plutôt Pinocchio !

GUY BEDOS

*

À propos de Barbra Streisand :

Un croisement entre un oryctérope et un rat albinos.

JOHN SIMON

*

À propos de Franklin D. Roosevelt :

Ce Niagara du postillon.

LOUIS-FERDINAND CÉLINE

*

Charles X ? Ne serait-ce pas plutôt Charles x ?

SACHA GUITRY

*

À Jean-Jacques Rousseau :

J'ai reçu, Monsieur, votre nouveau livre contre le genre humain. On n'a jamais employé tant d'esprit à vouloir nous rendre bêtes ; il prend envie de marcher à quatre pattes, quand on lit votre ouvrage.

VOLTAIRE

*

À propos de Rika Zaraï :

... la ruminante callipyge illettrée de nos bibliothèques potagères.

PIERRE DESPROGES

*

Je trouve qu'il est plus important de faire rigoler ses interprètes que de les faire jouir. C'est toute la différence qu'il y a entre mon système et celui de Bergman.

CLAUDE CHABROL

*

Bernard Pons a dit que Raymond Barre était une « monstruosité politique ». Il aurait pu rajouter biologique.

COLUCHE

*

À propos de Talleyrand :

Si, quand cet homme vous parle, son derrière recevait un coup de pied, sa figure ne vous en dirait rien.

JOACHIM MURAT

*

Je suis sorti avec Cindy Crawford mais je ne m'en souviens plus.

GEORGE CLOONEY

*

À propos de Bernard Kouchner :

... quart-mondiste et tiers-mondain.

LE CANARD ENCHAÎNÉ

*

Ève Angeli a, paraît-il, été chanteuse. On ne sait plus quand ni ce qu'elle chantait mais pourtant elle mérite incontestablement de devenir une personnalité. Car il s'agit probablement de l'être humain le plus bête dont on ait une trace. Il existe, paraît-il, dans un village bulgare, une vieille dame qui affirme avoir connu vers les années 20 quelqu'un de plus con qu'Ève Angeli. Mais ça n'a pas été authentifié.

GUY CARLIER

*

Mitterrand était un homme avec qui on ne serait pas parti seul à la chasse au tigre.

RENÉ PLEVEN

*

À propos de Jeanne d'Arc:
Jeune allumée.

LOUIS CALAFERTE

*

À propos de Bernard Tapie :
Ce type-là serait capable de vendre des confettis à la porte d'un cimetière.

MICHEL COENCAS

*

À propos de Valéry Giscard d'Estaing :
Il n'a pas son pareil pour métamorphoser quelque évidence en hardiesse de pensée.

CATHERINE NAY

*

Les Pensées d'André Breton, lexique aussi utile qu'un plan de Béthune dans les mains d'un naufragé dérivant sur l'océan Indien.

MARCEL MARIËN

*

Chez Douste [-Blazy], le mensonge se caractérise par une inventivité à la hauteur de son inutilité.

PIERRE MARCELLE

*

Achetez aussi du Zola
Ça sert dans les water-closets.

LAURENT TAILHADE

*

Ah bon, Jean Marais, il est pas mort ! Je savais pas. Mais lui, il le sait ?

COLUCHE

*

Je pense que Mick Jagger serait stupéfait s'il réalisait qu'il a pour bien des gens plus une image maternelle que celle d'un « sex-symbol ».

DAVID BOWIE

*

Je vous résume le freudisme : Pourquoi ? Parce queue.

LOUIS PAUWELS

*

Balladur toute la soirée chez Poivre d'Arvor ! Quel ennui ! Il y a des soirs, comme ça, où l'on se sent totalement extérieur à la politique intérieure.

GUY BEDOS

*

George Sand avait la sérénité de ces animaux ruminants dont les yeux pacifiques semblent refléter l'immensité.

MAXIME DU CAMP

*

Claude Sarraute, la bouffonne hystérique d'un quotidien moins lourd à porter sous le bras qu'à parcourir des yeux, est tellement soucieuse de faire peuple qu'elle tutoie le chef des ventes de chez Fauchon en lui passant commande de ses œufs d'esturgeon iraniens.

PIERRE DESPROGES

*

On ne connaît aucun ennemi à M. George Bernard Shaw, mais tous ses amis le détestent cordialement.

OSCAR WILDE

*

À propos de Jacques Chirac :

Il a le don d'enchaîner les phrases creuses, en arabesques bien balancées où il semble qu'il suffirait de changer deux mots ici, trois adjectifs là, pour que le texte serve indifféremment à ouvrir un banquet, enterrer un illustre défunt, inaugurer une foire ou décerner une Légion d'honneur.

FRANÇOISE GIROUD

*

Elle est bien Christine Bravo ! Faut juste la voir à la bonne heure !

ARTHUR

*

À Barbra Streisand :
Un seul de mes pets a plus de talent que n'en a votre corps tout entier.

WALTER MATTHAU

*

Paul Claudel est un monsieur qui croit qu'on peut aller au ciel en pullman.

ANDRÉ GIDE

*

À propos d'Alain Juppé :
Un énarque qui froufroute...

BERNARD FRANK

*

Ah ! Il va se marier, Dave, hein, ça y est, il va se marier ! Mais il peut pas tout de suite parce que sa femme n'est pas finie d'opérer, c'est pas sec.

COLUCHE

*

À propos de Marilyn Monroe :
Elle a un corps de granit et un gruyère en guise de cerveau.

BILLY WILDER

*

À propos de Philippe Séguin :
La bête des Vosges.

LE CANARD ENCHAÎNÉ

*

Ce souverain des insupportables, Oscar Wilde, est le fruit d'une abondance de balivernes et d'une pénurie de bon sens. Il s'est dressé sur ses pattes de derrière, il a soufflé des propos insipides et grossiers, par l'intestin de son cou, pour l'édification suprême d'une cour de bêtas et de bêtasses bêtifiant ses bêtasseries.

AMBROSE BIERCE

*

À propos de Lionel Jospin :

Une bonne sœur avec de la moustache, en plus ennuyeuse.

MICHEL CHARASSE

*

À propos de Pablo Picasso :

Confondit les staliniens avec les jésuites de son pays ; leur offrit deux Guernica pour un ave... Établit une fortune sur un vent du sud et sur la connerie de ses contemporains.

RAYMOND MARQUÈS

*

C'est Gainsbourg qui rentre à la maison avec deux pneus neufs et Jane Birkin lui dit :

– Mais tu es fou ! Tu sais bien qu'on n'a pas de voiture !

– Mais toi, tu portes bien des soutiens-gorge !

COLUCHE

*

Si Paris était une pute, Pompidou serait Jack l'Éventreur.

RALPH RUMMEY

*

Ne me parlez pas de ce pape, même s'il s'exprime dans une dizaine de langues, je voudrais bien savoir dans laquelle il est le moins con.

ARLETTY

*

Le duc de Guise fut assassiné à cinq heures du matin ; vraiment pas la peine de se lever si tôt.

RAYMOND QUENEAU

*

Molière est un infâme histrion.

BOSSUET

*

Donnez-moi quarante trous du cul et je vous fais une Académie française.

GEORGES CLEMENCEAU

*

On n'a plus le droit de dire du mal et personne ne dit plus du mal ! Moi, je me souviens, quand on était petits, on ouvrait la radio et les mecs canardaient à bout portant tout ce qui bougeait ! C'était déjà Line Renaud qui trinquait ! C'est pour vous dire si la chasse est ouverte depuis un moment !

COLUCHE

*

L'homme est un idiot : y compris Pascal.

LOUIS SCUTENAIRE

L'HUMOUR
AU CHERCHE MIDI

COLLECTION
« LES PENSÉES »

Pensées, textes et anecdotes
d'Alphonse Allais

Les Pensées
de Jean Amadou

Les Pensées de José Artur

Pensées provisoirement définitives
d'Yvan Audouard

Pointes, piques et répliques
de Guy Bedos

Les Pensées
de Tristan Bernard

Pensées, répliques et anecdotes
de Francis Blanche

Pensées et répliques
de Bertrand Blier

Les Pensées des boulevardiers :
Alphonse Karr, Aurélien Scholl, Georges Feydeau, Cami

Les Pensées
de Philippe Bouvard

Mille et Une Pensées
de Philippe Bouvard

Les Pensées
d'Alfred Capus

Les Pensées de Cavanna

Pensées, répliques et anecdotes
de Claude Chabrol

Pensées et anecdotes
de Coluche
illustrées par Cabu, Gébé, Gotlib, Reiser, Wolinski

Et vous trouvez ça drôle ?
de Coluche

Les Pensées de Courteline

Les Pensées de Pierre Dac

Arrière-Pensées
de Pierre Dac

Pensées et anecdotes
de Dalí

Les Pensées de San-Antonio
de Frédéric Dard

Le Grand Livre
de la méchanceté
de Pierre Drachline

Les Pensées
de Jean Dutourd

Pensées et répliques
de Jacques Dutronc

Les Pensées
de Gustave Flaubert,
suivies du
Dictionnaire
des idées reçues

Les Pensées
d'Anatole France

Les Pensées
d'André Frossard

Les Pensées,
répliques et anecdotes
de De Gaulle
choisies par
Marcel Jullian

Traits d'esprit
de Charles de Gaulle

Pensées, maximes
et anecdotes
de Sacha Guitry

Pensées, répliques
et anecdotes
des Marx Brothers

Portraits acides
et autres pensées édifiantes
de Philippe Meyer

Pensées, répliques
et anecdotes
de François Mitterrand

Textes, pensées et
dialogues de sourds
des Monty Python

La Jument du capitaine
Pensées, textes
et répliques
de René de Obaldia

Les Pensées
de Pierre Perret

Les Pensées
de Daniel Prévost

Les Pensées
de Jules Renard

Pensées, répliques et portraits de Rivarol

Pense-bêtes de Topor illustré par lui-même

Vracs de Tomi Ungerer

Les Pensées d'Oscar Wilde

Les Pensées de Wolinski illustrées par lui-même

Mes aveux de Wolinski

Pensées, textes, répliques et anecdotes de Jean Yanne

Je suis un être exquis de Jean Yanne

Je me marre de Jean Yanne

Pensées, répliques, textes et anecdotes de Jean Yanne

Mis en pages par DV Arts Graphiques à Chartres
Imprimé en France par l'Imprimerie Corlet
Dépôt légal : mai 2005
N° d'édition : 403 – N° d'impression : 84459
ISBN 2-74910-403-3